AF267063

LE CHANSONNIER

DES THÉATRES.

ALMANACH CHANTANT

POUR LA PRÉSENTE ANNÉE.

Si ma gaîté peut vous distraire,
Avec moi répétez souvent :
Pan pan, pan pan, pan pan, pan pan.
RONJON.

PARIS.

CHEZ GAUTHIER, LIBRAIRE,
Marché-Neuf, no 34, près le pont Saint-Michel.

IMPRIMERIE LE NORMANT,
rue de Seine, n° 8.

LE CHANSONNIER
DES THÉATRES.

PAN PAN BACHIQUE.

Air : Moi, je règle le sentiment
Sur la marche du régiment.

Ne pouvant marcher sur les traces
De nos chansonniers pleins de graces,
Laujon, Béranger, Désaugiers,
Et leurs immortels devanciers ;
Amis, mon but, est de vous plaire :
Si ma gaîté peut vous distraire,
Avec moi, répétez souvent :
Pan pan, pan pan, pan pan, pan pan.

O vous, censeurs atrabilaires !
Ecoutez le bruit de nos verres ;
Si nos chants vous rendent jaloux,
Accourez faire comme nous :
Jetez le fouet de la satire ;
Avec nous venez boire et rire.
Entonnez ce refrain charmant :
Pan pan, pan pan, pan pan, pan pan.

Damis, qu'une immense richesse
Plonge aujourd'hui dans la tristesse
S'endort et meurt sur ses écus ;
Croyez-moi, ce nouveau Crésus,
S'il entendait, dans cet asile,
Chanter un joyeux vaudeville,
Voudrait dire avec nous gaîment :
Pan pan, pan pan, pan pan, pan pan.

Lorsque la cloche du village
Célèbre un joli mariage,
Un essaim de jeunes beautés
Conduit nos époux enchantés.
Pour un couple sexagénaire,
La cloche, au loin, ne s'entend guère...
Le battant fait légèrement :
Pan pan, pan pan, pan pan, pan pan.

Voulant obéir à sa mère,
Lise épouse le vieux Valère ;
Partout on plaint ce beau tendron
De coucher avec un barbon :
Mais un galant qu'Amour transporte,
Vient bientôt frapper à sa porte ;
Du doigt il fait tout doucement :
Pan pan, pan pan, pan pan, pan pan.

Si le Moscovite, en colère,
Voulait nous déclarer la guerre;
Si le Prussien et l'Autrichien
Venaient nous faire un coup de chien;
Les Français, avec leur bannière,
Seraient soudain à la frontière;
Leurs fusils feraient à l'instant :
Pan pan, pan pan, pan pan, pan pan.

Quoi ! je vois déjà la Camuse
Qui vient m'arracher à ma Muse :
« Allons, dit-elle, il faut marcher;
« Ce bas-monde il te faut quitter... »
Moi, je réponds à la *commère* :
« Je suis si bien sur cette terre !
« Laisse-moi vivre encor, va-t'en : »
Pan pan, pan pan, pan pan, pan pan.

GASPARDO.

Crains, Visconti, ma haine et ma ven-
      geance,
Toi seul a pu commettre un tel forfait.
Le bras vengeur du pêcheur de Plai-
      sance

Pour t'en frapper s'armera d'un stylet.
Catarina, je punirai l'infâme,
Oui, sans trembler, je serai son bour-
    reau,
Et prierai Dieu qu'il veille sur ton âme
Et sur les jours du fils de Gaspardo.

25 ANS APRÈS.

De Francesco, pour fêter la vaillance,
De tous côtés disent les Milanais :
Amis, il faut, avec magnificence
De ce héros célébrer les succès ;
D'un saint respect le peuple le révère,
Chant de victoire est redit par l'écho :
Jugez combien était heureux son père,
C'était le fils du pauvre Gaspardo.

Le cœur brûlant pour Blanche la jolie,
Près d'elle, hélas ! notre jeune vain-
    queur
Parlait d'amour, quand une voix lui
    crie :
Vite à genoux, implore le Seigneur.
Vois cette dague, allons, fais ta prière.
Je veux ta mort, dépêches, Francesco ;
Près de frapper, un homme crie : ar-
    rière !

Et défends-toi, lâche, crains Gaspardo!

Sans plus tarder, je veux que l'on m'en-
tende.
Arrière donc, soldats! je veux entrer,
A l'instant même à parler je demande
Et malgré vous, je saurai pénétrer;
D'un innocent je viens prendre la
place;
Sur la Piazza qu'on dresse l'échafaud,
Seul j'ai frappé, que justice se fasse;
Oui, messeigneurs, croyez-en Gas-
pardo.

Je souffre, amis, je souffre. Oh! la
torture
Horriblement a mutilé mon corps,
Mais que me fait la douleur que j'en-
dure,
Le peuple est libre et les traîtres sont
morts.
Viens, ô mon fils! viens, qu'un père
te donne
Avant sa mort de Milan le cadeau;
Viens de ma main recevoir la couronne
Adieu, je meurs, priez pour Gaspardo

VIVE LE GALOP!

(Couplets chantés au théâtre des Folies-Dramatiques, dans la pièce de ce nom.)

Viv' le galop! c'est un écho
Dans not' France chacun le danse,
Partout on dit et l'on redit
Ce joli mot : viv' le galop!
Au bal maint'nant qu'on se donne du
    mal !
Toujours courir ! grand dieu ! quelle
    contrainte !
Vraiment c'est faire un métier de che-
    val ;
Mais c'est la mode, on s'amuse, on
    s'éreinte.
Viv' le galop ! etc.

Au bal jadis on n'allait qu'au p'tit trot,
On s' dandinait, voyez le beau mérite!
Mais à présent nos dam's vont au galop,
L'amour y gagn', car le cœur bat plus
    vite.
Viv' le galop ! etc.

Jeunes et vieux tout galope ici-bas
De tout's les dans's n'est-ce pas la
meilleure ?
Je ne connais qu'un' chose qui n' galop'
pas,
C'est un sapin quand on le prend à
l'heure.
Viv' le galop ! etc.

Depuis queuqu' temps on galope en
ballon,
Rien n'est commod' comm' cett' voi-
ture bourgeoise,
On fait l'projet d'aller jusqu'à London,
Le ballon part... et l'on r'tombe à Pon-
toise.
Viv' le galop ! etc.

On dit qu'enfin l' restaurant-omnibus
S'est mis en course et commenc' ses
visites,
Et qu'on a vu trois fricandeaux au jus
Qui galopaient avec trois limand's
frites.
Viv' le galop ! etc.

Portant vengeance à leurs frères d'Al-
    ger,
Tous nos soldats, l'âme triste et cha-
    grine,
Bientôt, j'espère, au-devant du danger
Au grand galop courront sur Constan-
    tine.
    Viv' le galop! etc.

On sut jadis étouffer lâchement
Les libertés dont notre France est
        fière,
Nous reculions. Par bonheur à présent
On n' nous f'ra plus galoper en arrière.
    Viv' le galop! etc.

Roi des plaisirs, c'est le plaisir des rois.
Charmant galop, j'aime tant ton va-
        carme,
Que j' te dans'rais dans la boue, sur
        les toits,
Que j' te dans'rais sur la têt' d'un gen-
        darme.
    Viv' le galop! etc.

LES BOUTONS DE ROSE.

Air : Avec les jeux dans le village.

Puisque sur les boutons de rose,
Chacun s'exerce en tapinois,
A mon tour, aujourd'hui, j'expose
Quelques couplets un peu grivois :
Je laisse la fleur fraîche éclose,
La chanter n'est pas mon dessein,
Pour parler des boutons de rose
Que mon Adèle a sur son sein.

Quand, près de ma jeune maîtresse,
J'exprime mon ardent amour,
Pour que mon discours l'intéresse,
Je ris et chante tour à tour ;
En badinant, je la dispose
A me laisser poser la main
Sur les jolis boutons de rose
Que la friponne a sur son sein.

Un jour, le plus beau de ma vie !
Adèle d'aimer fit l'aveu ;

Pressant cette amante chérie,
J'obtins des baisers pleins de feu :
Vous dire tout, oh! non, je n'ose,
Vous m'entendrez à ce refrain :
Oh! les jolis boutons de rose
Que mon Adèle a sur son sein!

Pour comparer femme à la rose,
Sur son sein je vois le bouton ;
Bouche vermeille, demi-close,
De la fleur mérite le nom.
Je ne parle pas d'autre chose,
A mon tableau mettons un frein ;
Mais je cours aux boutons de rose
Que mon Adèle a sur son sein.

LE PLAISIR D'ÊTRE BUVEUR.

Air : Quand mon oreille entend.

Je quitte pour toujours le dieu
qu'Ovide adore ;
C'est toi, Bacchus, que j'implore ;
D'un buveur épicurien
Tu dois être le soutien.
Viens mettre ma muse en goguette,

Et par l'effet de la liqueur,
Fais qu'avec moi chacun répète :
C'est un plaisir d'être buveur.

Alexandre-le-Grand, qu'on nous dé-
peint si brave,
Eût trouvé plus d'une entrave,
S'il n'eût été plein de vin
Et le soir et le matin.
Mais comme, si j'en crois l'histoire,
Le vin redoublait sa valeur ;
Il chantait après la victoire :
C'est un plaisir d'être buveur.

Suivons du bon Chaulieu toujours
l'aimable trace,
Et, comme le dit Horace,
Tâchons de passer le temps
Des fleurs de notre printemps.
Enchaînons ce dieu sous la treille,
Et que, content de sa lenteur,
Il s'écrie en buvant bouteille :
C'est un plaisir d'être buveur.
Buvons, mes bons amis, et que demain
l'aurore,
En naissant nous trouve encore

Chacun un verre à la main,
  Célébrant le dieu du vin ;
Et puisque lui seul nous rassemble,
Et qu'il vient de me faire auteur,
Il nous faut répéter ensemble :
C'est un plaisir d'être buveur.

LE POSTILLON DE LONGJUMEAU.

(Couplets chantés dans la pièce de ce nom, au
théâtre Feydeau.)

Mes amis, écoutez l'histoire
D'un jeune et galant postillon.
C'est véridique, on peut m'en croire,
Et connu de tout le canton.
Quand il passait dans un village
Tout le beau sexe était ravi,
Et le cœur de la plus sauvage
Galopait en croupe avec lui.
Oh ! oh ! oh ! oh ! qu'il était beau !
Le postillon de Longjumeau !
Oh ! oh ! qu'il était beau
Le postillon de Longjumeau ! } bis.

Mainte dame de haut parage,

En l'absence de son mari,
Exprès se mettait en voyage
Pour être conduite par lui.
Aux procédés toujours fidèle,
On savait qu'adroit postillon,
S'il versait parfois une belle,
Ce n'était que sur le gazon.
Oh! etc.

Mais pour conduire un équipage,
Voilà qu'un soir il est parti,
Depuis ce temps dans le village,
On n'entend plus parler de lui.
Mais ne déplorez pas sa perte,
Car de l'hymen, suivant la loi,
La reine d'une île déserte
De ses sujets l'a nommé roi.
Oh! etc.

CONSEILS.

Air : Réveillez-vous, belle endormie.

Cher ami, dans cette bouteille
Allons noyer notre chagrin :

Chacun de nous dira merveille,
Quand il aura goûté le vin.

Pendant l'été je fais la guerre,
Et dans l'hiver je fais l'amour ;
Quand j'ai mis l'ennemi par terre,
J'y mets ma Cloris à son tour.

D'où vient cette couleur si pâle ?
Ami, tu bois un peu trop d'eau
Pour la changer, avale, avale
Le vin tel qu'il sort du tonneau.

L'eau n'est faite que pour les cannes
Et pour le stupide poisson ;
On en fait encor boire aux ânes,
Mais c'est qu'ils n'ont pas de raison.

LA CROIX D'OR.

Barcarolle qui se chante dans la pièce de ce nom
au théâtre du Palais-Royal.

Je la donne pour gage,
Pour gage de ma foi,
A l'amant dont l' courage
Sera digne de moi.

Mais je veux une épreuve...
Cett' croix est à celui
Qui me donn'ra la preuve
Qu'il m'aime plus que lui.
C'est une loterie
Qui doit combler vos vœux :
Ma main, mon cœur, ma vie
Sont au plus amoureux...
Allons, allons, il faut tenter le sort :
Allons, allons, qui veut de ma croix
    d'or ?

Pour être militaire,
Guillaume doit partir ;
Qu'un d'vous remplac' mon frère,
À lui ce souvenir !
Puis qu'il vienn' me le rendre,
Avant deux ans d'ici,
Je promets de l'attendre
Pour être mon mari.
C'est une loterie, etc.

Cette croix m'est bien chère :
Par son charme si doux
Elle a sauvé mon frère
Et me donne un époux.

Et cependant j'ignore
Si, contre tout danger,
Son influence encore
Pourra me protéger.
Par un' faveur nouvelle,
Près d' vous en ce moment !
Ah ! me servira-t-elle
Ce soir de talisman !
Allons, allons, décidez de mon sort ;
Allons, allons, qui veut de ma croix
　　d'or ?

CHANSON A BOIRE,

IMITÉE DE L'ALLEMAND DE LESSING.

Air : J'étais bon chasseur autrefois.

Qui d'entre nous, mes bons amis,
Sait combien de temps il doit vivre ?
Faut-il qu'à d'importuns soucis
Ce doute sans cesse nous livre ?
Sans craindre et prévoir l'avenir,
Au sein d'une heureuse indolence ;
Du présent cherchons à jouir,
Et buvons à l'insouciance.

La nuit s'écoule ; un nouveau jour
Va luire sur notre hémisphère ;
Hélas ! peut-être, sans retour,
Doit-il me ravir la lumière :
En tout cas, il est très-certain,
Et ma foi ! vous pouvez m'en croire,
Que si je vis encor demain,
Je passerai ce jour à boire.

LE LIT DE REPOS.

Air : Ah ! que de chagrins dans la vie !

Meuble discret, pierre d'attente,
Reposoir de la volupté,
C'est sur toi que Lise tremblante
Rêve au bonheur qu'elle a goûté.
Du sommeil et de la tendresse,
Tour à tour comblant le désir,
Tu fus nommé par la paresse,
Débaptisé par le plaisir.

Que ta forme sait avec grâce
Servir nos projets amoureux ;
Lit charmant, ton étroit espace

Force d'être un quand on est deux ;
Et ta plume au lieu de s'abattre
S'élève, après un doux larcin,
Comme le joli sein d'albâtre
Qui semble repousser la main.

Affaissé par la nonchalance,
Courbé sous le poids de l'amour,
Lit de repos, ton existence
Semble se perdre chaque jour.
Ah ! lorsque mon cœur vers Adèle
Cherche l'amour, perd la raison,
Lit charmant, à mes vœux fidèle,
Ne retrouve jamais ton nom.

ROMANCE DE ROSE D'AMOUR.

Air de Rose d'Amour (du *Chaperon*).

Le noble éclat du diadème
N'a jamais su charmer son cœur ;
Et sur le front de ce que j'aime,
Je n'ai trouvé que la candeur.
Seize printemps forment son âge, *bis.*
Et pour mieux embellir sa cour,

Elle a reçu dans ce village
Le doux nom de Rose d'Amour. *bis*.

Simple, naïve et bergerette,
Elle règne dans ce vallon;
Elle a pour sceptre une houlette,
Et pour couronne un chaperon.
A ses vertus tout rend hommage, *bis*.
Quelques bergers forment sa cour;
Et tout bénit dans ce village
Le doux nom de Rose d'Amour. *bis*.

LA CHEMINÉE.

AIR : *Femmes, voulez-vous éprouver?*

Sur la cheminée on répand
Les trésors que prodigue Flore :
A la cheminée on suspend
Le portrait de ce qu'on adore;
Et la coquette, qui toujours
Finit par être abandonnée,
Pour n'être pas seule, a recours
Au miroir de sa cheminée.

Pour dissiper l'ennui qu'on a,
On attise, on souffle, on tisonne :
Du moins en soufflant ce feu-là,
On ne fait de mal à personne.
Combien de maris pleins d'ardeur,
Assis près de leur Dulcinée,
N'ont jamais eu d'autre chaleur
Que celle de la cheminée !

Lise, près d'un foyer ardent,
Ecoute un amoureux langage ;
Vous croiriez, en la regardant,
Que le feu lui monte au visage :
La cause de cette rougeur,
Moi, je crois l'avoir devinée ;
Lise aurait bien moins de pudeur,
Sans le feu de la cheminée.

La cheminée assez souvent
Offre à nos regards une horloge,
Que, pour son rendez-vous, l'amant
A chaque minute interroge :
L'heure des jeux et des travaux,
Du berger l'heure fortunée,
L'heure du repas, du repos,
Tout se lit sur la cheminée.

LES PINCETTES.

COUPLETS.

Chez l'Amitié, la Raison
Donne en tous temps au tison,
Une flamme pure et nette,
    Urlurette,   *bis.*
Ma tante Urlurette.

Chez l'Hymen bien plus distrait,
Dieu sait comme il fumerait
Sans l'Amour et sa pincette,
    Urlurette,
Ma tante Urlurette.

Par bonheur ce bon vivant,
Chez son frère assez souvent,
Vient tisonner en cachette,
    Urlurette,
Ma tante Urlurette.

LE FIL.

Air : Si Dorilas contre les Femmes.

Pour chanter le *fil*, j'aime à croire
Que de talens j'ai peu besoin,
Mais pour le chanter avec gloire,
De ne pas le rompre ayons soin.
Sans nul exorde je commence,
Tout préambule est puéril ;
N'allons pas dans la circonstance
De mon discours perdre le *fil.*

Que j'aime à voir la couturière,
Travailler robes et corsets !
Sa main potelée et légère,
A pour mes sens beaucoup d'attraits ;
Cette couturière gentille,
Dont le talent est très-subtil,
Ne sait que faire de l'aiguille,
Si d'abord elle n'a le *fil.*

Nos petits rimeurs font sans peine
Un vaudeville dans la nuit,

Et l'on remarque à chaque scène
Des quolibets au lieu d'esprit.
Mieux que vous, auteurs inhabiles,
En dépit de votre babil,
Pour faire de bons vaudevilles,
Piron, Panard avaient le *fil*.

Si quelques jours je cessais d'être
L'ami pur de la vérité,
Que je devinsse ingrat ou traître,
Ou froid auprès de la beauté,
Ah! dans ce changement extrême,
Plutôt que de paraître vil,
O Parque, viens à l'instant même,
Viens de mes jours trancher le *fil*.

L'AIGUILLE.

AIR du Jaloux malgré lui.

Au fil doit succéder l'aiguille,
C'est là l'usage, et je le suis;
Pour mainte grisette gentille,
Ce faible outil est d'un grand prix;
Tâchons, comme je le projette,
D'être plus léger qu'éloquent;

D'ailleurs, pour une chansonnette,
L'aiguille est un objet piquant.

A quoi tient le sort des familles !
Autrefois B...., petit mercier,
Nous vendait du fil, des aiguilles,
Maintenant il est financier;
Il a bijoux, maison superbe,
Jadis il connut le besoin,
Ainsi l'on doit croire au proverbe :
De fil en aiguille on va loin.

La vieille Aline si grondeuse,
Qui marmotte entre ses deux dents,
Se croit meilleure tricoteuse,
Que sa nièce de dix-huit ans;
Et même elle montre, elle explique
La manière, le vrai moyen.....
Mais, hélas ! dans sa main étique,
L'aiguille ne produit plus rien.

Pour raisonner sur les aiguilles,
Et sur l'emploi qu'elles en font;
Non, rien ne vaut les jeunes filles
Elles ont un art très-profond.

Pourtant je les crois un peu fausses,
Quand elles nous disent surtout :
« Les moins bonnes sont les plus gros-
« Les fines sont de notre goût. »   [ses,

LE SECRÉTAIRE.

Air : Femmes, voulez-vous éprouver ?

Chacun dans son appartement
Place des meubles à sa guise,
Bonheur du jour, groupe élégant,
Maint colifichet qui se brise ;
Glace perfide où la beauté
Trop souvent apprend l'art de plaire ;
Je leur préfère, en vérité,
Un simple et joli secrétaire.

Amour, sur ce meuble charmant,
Trace plus d'un joli chapitre ;
Fidèle et muet confident,
Parfois il recèle une épître :
Au premier billet d'un amant
La jeune et timide Glycère

Tremble, rougit, puis doucement
Va se mettre à son secrétaire.

A la ville, ainsi qu'à la cour,
Il est encor d'un noble usage ;
Mais chez nos savans chaque jour,
Que de fatras, de griffonnage !
Hélas ! que de sots importans,
Parcourent leur belle carrière,
Qui ne brilleraient pas long-temps,
S'ils n'avaient pas de secrétaire !

Sitôt qu'un amant, un époux,
Quitte sa femme et sa patrie,
Hélas ! ses plaisirs les plus doux
Sont d'écrire à sa douce amie.
Cruelle absence, tes rigueurs
Lui présentent la coupe amère ;
Ah ! veut-il tromper ses douleurs
Il se met à son secrétaire.

LA FUITE INUTILE.

Air : De ma Céline, amant modeste.

L'autre jour j'aperçus Lisette,
Triste et déjà loin du hameau,
Avec panetière et houlette;
Mais sans son chien ni son troupeau.
Je lui dis : Où vas-tu, la belle,
Avec l'air de te désoler?
— Je fuis l'Amour, me répond-elle,
Et si loin qu'il n'y puisse aller.

— Ton erreur, lui dis-je, est extrême;
Un vain dépit te fait la loi :
Ton cœur te suit si ton cœur aime;
L'ennemi voyage avec toi.
Reviens parmi nos pastourelles,
Si tu n'as pas d'autres secours :
Le dieu que tu fuis a des ailes,
Il te rattrapera toujours.

LE TRIOMPHE DE L'AMITIÉ

SUR L'AMOUR.

Air : Fermons doucement la fenêtre.

L'Amour nous blesse et puis s'envole,
L'Amitié n'a carquois ni traits ;
L'Amour tourmente et nous désole,
L'Amitié calme nos regrets.
Pour un seul moment l'un enflamme,
Et l'autre a toujours même ardeur ;
L'Amour ne touche que le cœur ;
Mais l'Amitié va jusqu'à l'âme.

De l'un il faut qu'on se méfie,
De l'autre on brigue le lien ;
L'un fait le malheur de la vie,
L'autre en est le souverain bien.
Du Plaisir l'Amour suit la trace,
Mais c'est l'Amitié qui l'atteint,
Et d'Amour le flambeau s'éteint
Jusques entre les mains des Grâces

LES BONNETS.

Air : **Pégase est un cheval qui porte.**

S'il est une étude profonde,
Ma foi, c'est celle des bonnets.
La coiffure est tout dans le monde,
Vous le verrez par ces couplets.
Un humble auteur dans sa supplique,
Demande grâce pour ses vers.
Mais, j'ose braver la critique,
J'ai mis mon bonnet de travers.

Du bonnet quelle est la puissance,
C'est lui qui régit l'univers.
Un joli bonnet met en France
Toutes les têtes à l'envers.
Les rois, les peuples de la terre,
Se courbent devant un bonnet,
C'est la tiare du saint Père,
Ou le turban de Mahomet.

Le bonnet rouge à la licence
Fut consacré pendant vingt ans;

Les vieux préjugés de l'enfance
Se cachent sous des cheveux blancs.
Que chacun se coiffe à sa guise,
Moi, j'ai regret aux temps heureux
Où le seul bonnet de Moïse
Ornait le front de mes aïeux.

D'un bonnet la couleur est pure,
Mais s'il est bien examiné,
Un peu de rouge à la doublure,
Décèle un bonnet retourné.
Ces bonnets sont des plus commodes,
Ils sont fins, et paraissent chauds ;
Il ne faut pour suivre la mode,
Que les retourner à propos.

Que, revenu de cent batailles,
Le bonnet d'un vieux grenadier,
Pende en trophée à nos murailles,
Orné de myrte et de laurier.
A l'époque heureuse où nous sommes,
La paix enchaîne la valeur,
On ne peut plus tuer les hommes
Qu'avec un *bonnet* de docteur.

JUILLET	AOUT	SEPTEMBR.	OCTOBRE	NOVEMBRE	DECEMBRE
1 D s Martial	1 m s Pier. ès-l.	1 s s Leu, s G.	1 l s Remi, é.	1 j TOUSSA.	1 s s Eloi
2 l V. de N.D.	2 j s Etienne	2 D s Lazare	2 m s Anges	2 v Les Morts.	2 D A. s F. X.
3 m s Anatole	3 v In de s Et.	3 l s Grégoire	3 m s Denis ar.	3 s s Marcel	3 l s Mirocle
4 m Tr. s Mar.	4 s s Domini.	4 m ste Rosalie	4 j s Fr. d'A.	4 D s Charles	4 m ste Barbe
5 j ste Zoé, m.	5 D s Yon, m.	5 m s Bertin	5 v ste Aure	5 l ste Bertil.	5 m s Subas
6 v s Tranqu.	6 l T. de N.S.	6 j s Onésipe	6 s s Bruno	6 m s Léopard	6 j s Nicolas
7 s ste Aubie.	7 m s Gaëtan	7 v s Cloud	7 D s Serge	7 m s Vilbrod	7 v ste Fare
8 D ste Priscil.	8 m s Justin	8 s N DE LA V	8 l ste Thais	8 j ste Relique	8 s Conceptio.
9 l ste Victoi.	9 j s Spire vi.	9 D s Omer, év	9 m s Denis, é.	9 v s Mathur.	9 D ste Léoca.
10 m ste Félici.	10 v s Laurent	10 l ste Pulch.	10 m s Geréon	10 s s Léon	10 l ste Valère
11 m Tr. s Ben.	11 s S. de ste C.	11 m s Patient é	11 j s Firmin	11 D s Martin	11 m s Fuscien
12 j s Gualbert	12 D ste Claire	12 m s Serdot	12 v s Vilfride	12 l s Réné év.	12 m s Damas
13 v s Turial	13 l s Hippoly.	13 j s Maurille	13 s s Géraud	13 m s Brice év.	13 j ste Luce
14 s s Bonave.	14 m s Eusèbe. vj	14 v Ex. ste C.	14 D s Caliste	14 m s Maclou.	14 v s Nicaise
15 D s Henri	15 m ASSOMP.	15 s s Nicomé.	15 l ste Thérè.	15 j s Eugene	15 s s Mesmin
16 l N.D.M.C.	16 j s Roch	16 D s Cyprien	16 m s Gal, ab.	16 v s Eucher	16 D ste Adéla.
17 m s Alexis	17 v s Mamert	17 l s Lambert	17 m s Cerboney	17 s s Agnan	17 l ste Olymp.
18 m s Clair	18 s ste Hélène	18 m s Jean-Ch.	18 j s Luc, é.	18 D ste Aude	18 m s Gatien
19 j s V. de P.	19 D s Louis, é.	19 m s Janva. T.	19 v s Savinien	19 l ste Elisab.	19 m ste Me. AT.
20 v ste Marg.	20 l s Bernard	20 j s Eustache	20 s s Sendou	20 m s Edmon	20 j s Philogone
21 s s Victor	21 m s Privat	21 v s Matthieu	21 D ste Ursul.	21 m P de la V.	21 v s Thomas
22 D ste Made.	22 m s Symphu.	22 s s Maurice	22 l s Mellon	22 j ste Cécile	22 s s Honorat
23 l s Appolin.	23 j s Sidoine	23 D ste Thecle	23 m s Hilarion	23 v s Clément	23 D ste Victoi.
24 m s Christ v.	24 v s Barthél.	24 l s Andoche	24 m s Magloi.	24 s ste Flore	24 l s Yves vj.
25 m s Jac. s Ch.	25 s s Louis, r.	25 m s Firmin	25 j s Cré. s C.	25 D ste Catbe.	25 m NOEL
26 j T. de M.	26 D s Zéphirin	26 m ste Justine	26 v s Rustiqu.	26 l ste Genev.	26 m s Etienne
27 v s Pantalé.	27 l s Césaire	27 j s Com. s D.	27 s s Frumen.	27 m s Severin.	27 j s Jean, s.
28 s ste Anne	28 m s Augustin	28 v s Céran	28 D s Sim. s J.	28 m s Sosthène.	28 v ss Innoce.
29 D ste Marthe	29 m Déc. s. J.	29 s s Michel	29 l s Faron é.	29 j s Saturnin	29 s s Thomas
30 l s Abdon	30 j s Fiacre	30 D s Jérôme	30 m s Lucain	30 v s André	30 D ste Colom.
31 m s Germain	31 v s Ovide		31 m s Qu. vj		31 l s Sylvestre

Chez GAUTHIER, Marché-Neuf, no 34,
près le pont Saint-Michel. A Paris.

JANVIER.		FÉVRIER.		MARS.		AVRIL.		MAI.		JUIN.	
PQ 3 PL 10 DQ 19 NL 26		PQ 1 PL 9 DQ 17 NL 24		PQ 3 PL 11 DQ 19 NL 25		PQ 1 PL 10 DQ 17 NL 24		PQ 1 PL 9 DQ 16 NL 23 PQ 31		PL 8 DQ 15 NL 22 PQ 30	
1 l	Circoncis.	1 j	s Ignace	1 j	s Aubin.	1 D	Passion.	1 m	s Philippe	1 v	s Thierri
2 m	s Basile, év	2 v	Purificat.	2 v	s Simplice	2 l	s F. de P.	2 m	s Athana.	2 s	s Pot. vj.
3 m	ste Gene.	3 s	s Blaise	3 s	ste Cuné.	3 m	s Richard.	3 j	In. ste C.	3 D	PENTEC.
4 j	s Rigobert	4 D	s Gilbert	4 D	Qu. s C.	4 m	s Elphège.	4 v	ste Mon.	4 l	s Quirin
5 v	s Siméon	5 l	ste Agath.	5 l	s. Drausin	5 j	s Ambr.	5 s	C. s. Aug.	5 m	s Boniface
6 s	Ephiphan.	6 m	s Vaast	6 m	ste Colette	6 v	s Pruden.	6 D	s Jean PL	6 m	s Cl. 4 T.
7 D	s Théau	7 m	s Romuald	7 m	s Th. 4 T.	7 s	ste Egésip.	7 l	s Stanislas	7 j	s Paul, c.
8 l	s Lucien	8 j	s J. de M.	8 j	s Jean de D	8 D	Rameaux.	8 m	s Désiré	8 v	s Médard
9 m	s Furcy.	9 v	ste Apoli.	9 v	ste Franç.	9 l	ste Mar. E	9 m	s Gréggire	9 s	s Prime
10 m	s Paul	10 s	ste Scolas.	10 s	s Doctrové	10 m	s Macaire	10 j	s Gordien	10 D	Trinité.
11 j	s Théod.	11 D	Sept. s S.	11 D	Re. 40 M.	11 m	s Godebe.	11 v	s Mamert	11 l	s Barnabé
12 v	s Arcade	12 l	ste Eulal.	12 l	s Pol, év.	12 j	s Jules.	12 s	s Nérée.	12 m	s Basilide
13 s	b. de N.S.	13 m	s Lezin	13 m	ste Euphr.	13 v	V. Saint.	13 D	s Serv.	13 m	s An. d. P.
14 D	s Hilaire	14 m	s Valentin	14 m	s Lubin	14 s	s Tiburce	14 l	s Pacôme.	14 j	Fête-Dieu
15 l	s Maur	15 j	s Faustin.	15 j	s Longin	15 D	PAQUES.	15 m	s Isidore	15 v	s Guy, m.
16 m	s Guillau	16 v	ste Julien.	16 v	s Cyriaque	16 l	s Fructue.	16 m	s Honoré	16 s	s Fargeau
17 m	s Antoine	17 s	s Silvain.	17 s	s Abraham	17 m	s Anicet	17 j	s Pascal	17 D	s Avit
18 j	C. s P. d R.	18 D	Sex. s Sim	18 D	Ocul. s A.	18 m	s Parfait	18 v	s Eric	18 l	s Marine
19 v	s Sulpice	19 l	s Gabin.	19 l	s Joseph.	19 j	s Léon, p.	19 s	s Yves	19 m	s Ger. s P.
20 s	s Sébasti.	20 m	s Eucher.	20 m	s Joachim.	20 v	ste Hildeg	20 D	s Bernard.	20 m	s Silvère
21 D	ste Agnès	21 m	s Pepin.	21 m	s Benoît	21 s	s Anselme	21 l	Rog. s H.	21 j	s Leufroy
22 l	s Vincent.	22 j	Ch. s Pier.	22 j	s Léc.	22 D	Qu. ste O.	22 m	ste Julie	22 v	s. Paulin
23 m	s Ildefon.	23 v	s Damase.	23 v	s Victori	23 l	s Georges	23 m	s Didier é.	23 s	s Félix
24 m	s Babylas	24 s	s Mathias.	24 s	s Gabriel	24 m	s Robert	24 j	ASCENS.	24 D	s J.-B.
25 j	Conv. s P.	25 D	Qu. s T.	25 D	Læt. An	25 m	s Marc	25 v	s Urbain.	25 l	s Prosper
26 v	ste Paule.	26 l	s Alexis.	26 l	s Ludger	26 j	s Clet	26 s	s Ph. de N.	26 m	s Babolin
27 s	s Julien	27 m	s Léandre	27 m	s Rupert.	27 v	s Anthime	27 D	s Hildev.	27 m	s Crescent
28 D	s Charlem.	28 m	Cen. s R.	28 m	s Gontra.	28 s	s Polycar.	28 l	s Germain	28 j	s Iréu. vj.
29 l	s. F. de S.			29 j	s Eustase.	29 D	s Vital, m	29 m	s Maximin	29 v	s Pier s P.
30 m	ste Bathil.	Epacte. IV.		30 v	s Rieule év	30 l	s Eutrope	30 m	s Hubert.	30 s	C. de s P.
31 m	s Pierre,	L. Dom. C.		31 s	s Gui.			31 j	ste Petro.		